Patric Eid

SCRUM Kompakt

Warum wir Agilität falsch einsetzen.

Bibliografische Information der Deutschen Nationalbibliothek:

Die Deutsche Nationalbibliothek verzeichnet diese Publikation in der Deutschen Nationalbibliografie, detaillierte bibliografische Daten sind im Internet über http://dnb.dnb.de abrufbar.

Herstellung und Verlag:
BoD – Books on Demand, Norderstedt

ISBN 9783756226450

1 Vorwort von Patric Eid

In den letzten Jahren habe ich zwei Bücher über agiles Projektmanagement veröffentlicht, bin Hoster eines Projektmanagement Podcasts und habe unzählige Trainings in dem Gebiet gegeben.

Meine Sicht auf die Dinge hat sich in der Zeit stark verändert und mir ist klar geworden, dass es nicht nur agil und nicht agil gibt. Nicht nur schwarz oder weiß. Sondern, dass es mehrere Wahrheiten gibt. Agilität ist kein Allzweckmittel. Und schon gar keine Wundertüte.

Ein Framework wie Scrum kann nicht aus der Tüte (oder einem Buch) genommen und angewandt werden. Dazu ist mehr notwendig. Und einen Teil von diesem „Mehr" möchte ich Dir hier in diesem Buch mitgeben.

1.1 Das bedeutet der Buchtitel

Scrum Kompakt. Oder auch Scrum 3x3x5. Um was geht es jetzt genau beim kleinen Einmal-eins der agilen Bewegung?

In diesem Buch bekommst du die Antwort darauf, was genau in Scrum drinnen steckt. Und was auch nicht.

Ich fange mal vorne an...

1.2 Das Agile Manifest

Zunächst einmal ist Scrum ein agiles Vorgehensmodell. Es gibt mehrere (über 30) verschiedene Modelle. Ebenfalls sehr bekannt ist Extreme Programming.

Die Grundlage von Scrum bildet das agile Manifest, das 2001 entstanden ist [AGILE01]. Auf Basis des Manifest wurden 12 Grundprinzipien agilen Arbeitens definiert.

Scrum gab es bereits vorher (1995).

Und auch erfolgreiche Projekte gab es vorher.

Und wenn man genau hinsieht: auch Agilität gab es bereits vorher. Und zwar vor sehr langer Zeit bereits.

1.3 Das Magische Dreieck

Wenn ich im Projektmanagement von Agilität spreche, dann davon, dass wir in der Planung umzudenken. Und dass wir kundenorientiert und ressourcenorientiert arbeiten.

Im Projektmanagement ist häufig die Rede vom magischen Dreieck. Darin ist der Umfang fest definiert (Pflichtenheft). Und auf Basis des Umfangs werden Zeit und Dauer geschätzt.

Bei einem agilen Projekt drehe ich das um: ich gebe Zeit und Budget vor und habe als Variable den Nutzen, den das Projekt generiert.

1.4 Agilität beruht auf gesundem Menschenverstand

Ansonsten beruht agiles Arbeiten auf gesundem Menschenverstand.

Denn agiles Arbeiten bedeutet:

- Den Kundenutzen in den Fokus zu setzen

- Auf Marktänderungen zu reagieren

- Wertschätzender Umgang miteinander

- Hohe Kommunikationsbereitschaft

- Transparente Entscheidungen

- Kontinuierliche Verbesserungen

- Fokus auf die Ergebnisse und nicht auf die Berichte

- Silodenken aufbrechen

- Häufig Feedback einholen

- Fehler machen dürfen und daraus lernen

AGILES ARBEITEN LIEGT IN UNSEREN GENEN

PATRIC EID
Berater und Trainer

Wenn Du dir die Liste ansiehst: möchtest Du das nicht auch, ganz unabhängig vom verwendeten Vorgehensmodell?

Die Liste lässt sich auch sehr gut in einem Wasserfall-Projekt integrieren.

1.5 Argumente für Agilität

Doch zurück zu diesem Buch. Du hast das Buch gekauft, da Du evtl. Scrum lernen oder bei Dir im Unternehmen einsetzen möchtest.

Jetzt habe ich behauptet, Agilität und das Umdrehen des magischen Dreiecks gibt es schon lange. Falls Du noch Argumente suchst, warum Agilität in Deinem Unternehmen eingesetzt werden soll:

Überlege Dir mal, wie zum Beispiel der Kölner Dom gebaut worden ist. Es wurde Zeit und Budget zur Verfügung gestellt. Man hat ein Stück weit gebaut, bis das Geld aus war und damit Nutzen generiert.

Dann holte man sich Feedback ein. Sammelte erneut Geld und baute dann weiter, wenn genügend Zeit und Budget zur Verfügung stand. Das ging so über Jahrhunderte.

Heutige Bauprojekte laufen anders. Da viele Gebäude so oder so in der Art bereits sehr häufig gebaut werden konnte, wird erst eine detaillierte Planung gemacht und daraus dann die zu erwartenden Kosten und die Bauzeit geschätzt.

Die Planung von Bauprojekten hat sich in den letzten hundert Jahren also angepasst. Doch Agilität steckt weiterhin in ihr.

Schauen wir dazu auf die Liste zuvor!

Den Kundenutzen in den Fokus zu setzen:

Wenn mein Bauprojekt das nicht macht, kann ich auch gleich sein lassen.

Auf Marktänderungen zu reagieren:

Angenommen, die Preise von Fichte verdreifachen sich, wohingegen Buche genauso ginge und nur die Hälfte kostet. Würdest Du nicht über eine Änderung des Plans nachdenken?

Und auch die anderen Punkte, wie wertschätzender Umgang miteinander, hohe Kommunikationsbereitschaft oder häufig Feedback einholen tun nicht nur einem Bauprojekt, sondern jeder Art von Projekt gut.

Und bei dem Beispiel könnten wir noch viel weiter zurück gehen: die Pyramiden.

Oder auch grundsätzlich, wie die Menschheit gelernt hat, zu wachsen und sesshaft zu werden.

1.6 Jetzt also Scrum

Möchten wir Spaß im Beruf haben und erfolgreiche Projekte abschließen, dann arbeiten wir agil. Ganz unabhängig davon, ob wir das dann agil nennen oder sonst wie.

Und was ist jetzt Scrum?

AGIL IST NICHT
GLEICH SCRUM

PATRIC EID
Berater und Trainer

Scrum ist ein Vorgehensmodell.

Es beinhaltet Prozesse, Rollen, Methoden und Tools. Es kann unterstützend eingesetzt werden, wenn es für den Zweck hilfreich ist.

Wenn nicht, dann nicht.

Viele **verwechseln agil mit Scrum**. Das kommt daher, dass Scrum häufig eingeführt wird, ohne sich darüber Gedanken zu machen, was Agilität eigentlich bedeutet und wie das Team optimal zusammenarbeiten kann.

Sowohl Scrum, als auch agil landen dann schnell auf der Buzzword-Liste. Das ist eigentlich schade. Dann Scrum ist ein sehr gutes Framework, um in einem Team eine gemeinsame Vision umzusetzen.

Aber es ist eben auch nicht mehr: nur weil ich Scrum mache, bin ich noch nicht agil.

Und wenn ich nicht agil bin, dann wird Scrum scheitern.

Daher meine Empfehlung:

1. Erst darüber klarmachen, was man eigentlich möchte und wie das Team zusammenarbeiten möchte.

2. Das agile Mindset verstehen und für sich übersetzen.

3. Und dann erst eine Methode oder ein Vorgehensmodell aussuchen. Oder: etwas für das jeweilige Team und die Situation passendes kreieren.

Vielen Dank, dass Du das Buch gekauft hast und schon bis hierhergekommen bist. Wenn Du Fragen zu den Inhalten hast, dann kannst Du mich gerne kontaktieren. Meine Kontaktdaten findest Du im Teil über den Autor.

Viel Spaß mit dem Nachschlagewerk.

- Patric Eid –

PS. Ich habe versucht zur sprachlichen Gleichbehandlung aller Menschen geschlechtsneutrale Personenbezeichnungen auf Basis des generischen Neutrums zu verwenden. Infos dazu unter https://generisches-neutrum.com.

Bitte siehe es mir nach, dass ich zum Beispiel bei den Rollen Product Owner und Scrum Master jeweils von „der" geschrieben habe.

Zu schreiben „der/die Product Owner" oder auch Product Owner:in finde ich persönlich störend im Text und habe es zugunsten des Leseflusses nicht verwendet.

Ich arbeite als Trainer und Coach mit vielen weiblichen Product Owner, Scrum Master und auch Projektleiterinnen zusammen, die allesamt einen super Job machen. Teilweise reden sie ebenfalls von „der Product Owner", wenn sie sich selbst damit meinen.

Sollte jemand mit meiner Schreibweise gar nicht klarkommen, so bitte ich um Entschuldigung. Und wenn Du aus dem Rhein-Main-Gebiet kommst, dann lade ich Dich zu einem Kaffee ein, bei dem wir über bessere Bezeichnungen diskutieren können.

2 Das SCRUM 3x3x5

Das SCRUM drei-mal-drei-mal-fünf bezieht sich auf die Rollen, die Artefakte und die Events in SCRUM.

Scrum ist ein Framework, dass auf den agilen Werten und Prinzipien beruht. Zentrale Bestandteile davon sind:

- Wertschätzung und Respekt
- Vertrauen
- Kontinuierliche Weiterentwicklung
- Transparenz und Offenheit
- Kommunikation und Austausch

Als Framework besteht Scrum aus einem strikten Regelwerk. Dazu kommen noch sogenannte Events, Rollen und Artefakte.

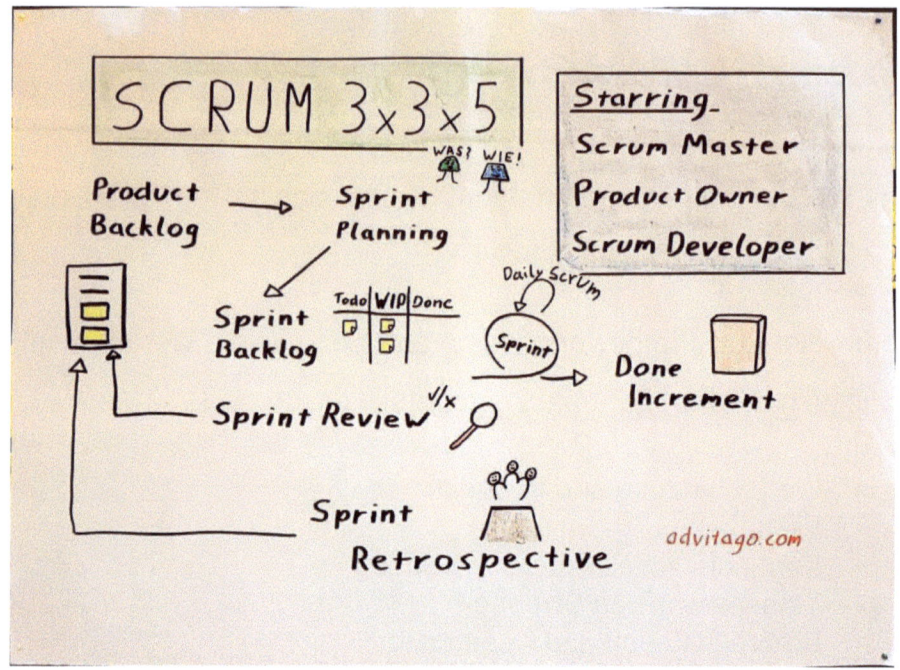

Im Kern basiert Scrum auf die dargestellten Elemente, wobei nach dem Scrum Guide 2020 [SCRUM19] die Rolle Scrum Developer nur noch Developer genannt wird.

Scrum basiert also auf 3 Rollen, 3 Artefakten und 5 Events. Die jeweiligen Rollen, Artefakte und Events werden im Anschluss in entsprechenden Kapiteln näher erläutert.

3 Rollen
- Scrum Master
- Product Owner
- Developer

Wobei bei den Rollen zu beachten ist, dass hier auch von Verantwortlichkeiten die Rede ist. Die Rollen beschreiben Verantwortlichkeiten, die innerhalb eines Scrum Teams übernommen werden.

Es gibt dabei keine strikte Notwendigkeit, dass diese Rollen auf einzelne Personen aufgeteilt werden. Gleichwohl eine Aufteilung sinnvoll sein kann.

3 Artefakte
- Product Backlog
- Sprint Backlog
- Increment

Auch Definition of Done, Done Increment und Definition of Ready könnten ebenfalls zu den Artefakten gezählt werden.

Auch diese 3 Elemente, wenngleich nicht offizieller Bestandteil des Scrum Guides, werden in diesem Buch erläutert.

5 Events
- Sprint
- Sprint Planning
- Daily Scrum
- Sprint Review
- Sprint Retrospective

Viele Teams setzen noch ein Backlog Refinement als Event ein. Das Backlog Refinement ist eigentlich ein kontinuierlicher Prozess. Das fortwährende Arbeiten am Product Backlog.

Doch es kann auch als Meeting eingesetzt werden, daher wird es hier auch mit aufgenommen.

3 Warum Scrum?

Scrum ist eine beliebte Projektmanagement Methode, welche ursprünglich für die Softwareentwicklung erarbeitet wurde.

Im Allgemeinen stehen bei dem agilen Vorgehensmodell Scrum die Zerteilung des Projekts in Teilprojekte, die Arbeit im Team, der Kundenfokus, sowie die Transparenz des Projektfortschritts im Vordergrund.

7 Scrum Vorteile

1. Transparenz von Arbeitspaketen

In einem Scrum Projekt wird der Fortschritt des Projekts stets transparent für alle offen gelegt. Alle Projektbeteiligten haben zu jedem Zeitpunkt Einsicht auf Backlogs, Fortschrittsdiagramme, zeitliche Planungen und Hindernisse, die das Projekt betreffen.

Dadurch bleiben böse Überraschungen am Ende aus und es können immer zeitnah Lösungsmöglichkeiten und weitere Schritte entwickelt werden.

2. Einfache Priorisierung von Arbeitspaketen

Das Product Backlog ist ein wichtiger Bestandteil des Scrum Frameworks. Dort sind alle Arbeitspakete enthalten, welche für das Erstellen einer Anwendung nötig sind. Der Product Owner entscheidet, in welcher Reihenfolge die verschiedenen User Stories dann umgesetzt werden.

Methoden zur Priorisierung des Product Backlogs sind beispielsweise Kano-Analysen, Theme Screening oder Theme Scoring.

3. Mitarbeiter wollen Verantwortung übernehmen

Jedes Projektmitglied hat eine bestimmte Rolle im Team. Außerdem haben alle dasselbe große Ziel vor Augen – das Projekt erfolgreich abzuschließen.

Dadurch motivieren sich die Teammitglieder gegenseitig und unterstützen sich in der Arbeit. Durch die Verantwortung, die jedes Teammitglied erhält und die dynamische Arbeit in der Gruppe, entsteht eine Eigenmotivation bei allen Beteiligten. Die

Teams arbeiten selbstorganisiert und eigeninitiativ und können somit Höchstleistungen erreichen.

4. Stärkung der Kommunikation

Bei Scrum steht das Team im Vordergrund. Durch die regelmäßigen Austausche, zum Beispiel im Rahmen von Daily Scrum, wissen die Beteiligten nicht nur, wie der aktuelle Stand im eigenen Team, sondern im gesamten Projekt gerade aussieht.

Alle Anforderungen, Ideen und Hindernisse werden im Team besprochen und es wird gemeinsam nach Lösungen gesucht.

Vorteile von Scrum sind hier, dass wertvolles Wissen geteilt und effizienter gearbeitet wird. Durch die Gruppendynamik entstehen außerdem einzigartige Ideen.

5. Probleme werden offensichtlich

Beim Projektmanagement mit Scrum werden alle Vorgehensweisen und Ergebnisse regelmäßig überprüft. So werden mögliche Probleme direkt erkannt und können behoben werden, damit das nächste Sprint-Ziel erreicht werden kann.

Die regelmäßige Überprüfung, zum Beispiel in Form von Retrospektiven, läuft stets effizient ab und stellt einen Mehrwert für die gesamte Projektarbeit dar.

6. Erhöhte Flexibilität

Dadurch, dass ein Projekt in mehrere Teilprojekte, die sogenannten Sprints, unterteilt wird, entsteht eine sehr hohe Flexibilität.

Nachdem das Review zu einem Teilprojekt stattgefunden hat, werden die nachfolgenden Teilprojekte angepasst und um die dazugewonnenen Erkenntnisse erweitert.

Somit werden Anforderungen nicht zu scharf definiert (wie beim Wasserfallmodell) und es gibt immer genügend Spielraum für Projektanpassungen.

7. Stärkerer Kundenfokus

Ein weiterer Vorteil von Scrum ist es, dass der Kunde stark miteingebunden wird. Durch die Kostenschätzung anhand der einzelnen Teilprojekte, wird nur der tatsächlich entstandene Aufwand berechnet.

Da Scrum Projekte immer transparent für den Kunden gestaltet sind, kann dieser jederzeit die Projektfortschritte sowie die Budgetpläne einsehen und gegebenenfalls Änderungswünsche äußern.

Dies gewährleistet eine Sicherheit für den Kunden sowie eine bessere Möglichkeit zur Planung für das gesamte Team.

WARUM NUTZEN DANN NICHT ALLE SCRUM?

PATRIC EID
Berater und Trainer

Sollte man immer Scrum verwenden?

Ob Scrum für die Projektarbeit in Deinem Unternehmen und Deinem Team Sinn macht, kann ich nicht so pauschal beantworten.

Um dies besser zu beurteilen, müssen zunächst viele verschiedene Fragen beantwortet werden. Hier ein Auszug aus meinem Fragenkatalog:

- Wird SCRUM eingeführt, weil es gerade jeder macht?

- Kommt es vom Management oder von den Teams?

- Und wurde auch verstanden, für was SCRUM steht und welche Auswirkungen eine agile Arbeitsweise haben wird?

- Muss es unbedingt SCRUM sein oder wird vielleicht eher ein für das Unternehmen passender Prozess gesucht – unabhängig davon, ob dieser jetzt SCRUM, Kanban oder sonst wie heißt?

- Wie viele Mitarbeiter sind von der Umstellung betroffen?

- Wie viele Teams gibt es bisher?

- Welches Vorwissen existiert bereits?

- Welche Schulungen gab es bisher?

- Wie reagieren die Mitarbeiter auf Agile? Wird es mit Freude umgesetzt? Wie viel Zweifel ist zu hören?

- Gibt es eine zentrale Stelle (Wiki o.ä.) wo solche Informationen gesammelt werden?

- Wie sieht die aktuelle Projektstruktur aus? Und wie sehen die Ziele in Zukunft aus?

Die komplette Frageliste ist hier verfügbar:

https://advitago.academy/scrum-checkliste/ (Stand 08.06.2022)

Neben dem Scrum Framework gibt es noch einige weitere Projektmanagement Tools. Dazu musst Du nur die Bereitschaft mitbringen, Dich auf verschiedene Optionen einzulassen.

4 Rollen

Scrum besteht aus den drei Rollen **Developer**, **Scrum Master**s und **Product Owner**.

Bisweilen (z.B. in der Literatur von Boris Gloger [BGLOGER]) werden darüber hinaus noch die Rollen User, Kunden und Management beschrieben, die für die erfolgreiche Implementierung von Scrum in Unternehmen eine entscheidende Rolle spielen.

Die drei Rollen Developer, Scrum Master und Product Owner bilden das Scrum-Team. Alle drei Rollen arbeiten eng zusammen, um gemeinsam das Produkt zu entwickeln.

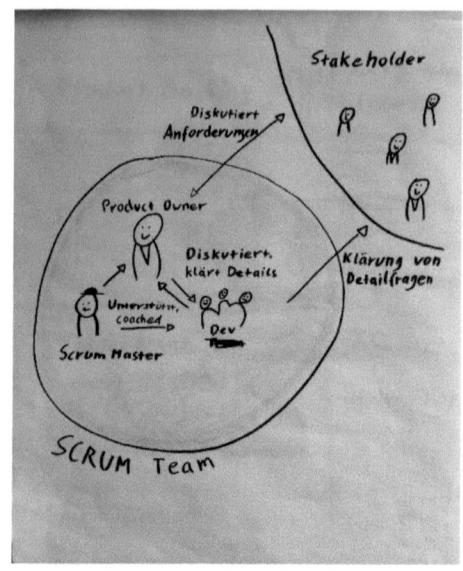

Alle Interessensvertreter – die Stakeholder – sind außerhalb des Scrum Teams.

Der Scrum Master sorgt dafür, dass das Team ungestört arbeiten kann.

So haben die Stakeholder nach Möglichkeit keinen direkten Kontakt zu den Developern. Sondern der Product Owner repräsentiert die Stakeholder im Team.

Product Owner und Scrum Master werden idealerweise jeweils durch eine Person repräsentiert, die zu 100% in der Rolle für das Scrum Team fungieren kann.

Die Developer bestehen aus den Experten, die benötigt werden, um das Produkt entwickeln zu können.

Um die drei Rollen kurz zu erklären, kann man sagen, dass die Developer für die eigentliche Entwicklung des Produkts (das WIE), der Scrum Master für die erfolgreiche Umsetzung des Prozesses und der Product Owner für das Bereitstellen der definierten Aufgaben (das WAS) zuständig sind.

Im Folgenden werden die einzelnen Rollen und deren Aufgaben genauer erläutert.

4.1 Developer

Idealerweise sind die Developer interdisziplinär aufgestellt. Wie bereits erwähnt, bestehen sie aus all den Personen, die für die erfolgreiche Umsetzung der Vision benötigt werden.

Die Developer bestehen u.a. aus Entwicklern, Testern, Analysten und Grafikern. Der Begriff Developer ist hierbei etwas irreführend.

Mit Developer sind nicht ausschließlich Software Developer gemeint. Sondern Scrum Developer. Sie beinhalten alle Kompetenzen, dass es benötigt, um das geforderte Produkt umzusetzen.

Die Developer arbeiten eng zusammen und interagieren miteinander regelmäßig, u.a. täglich beim sog. Daily Scrum. Sie sind selbstorganisiert, verfügen über ausreichende Berechtigungen und Vollmachten.

Sind im Optimalfall nicht räumlich voneinander getrennt und tragen die Verantwortung für die Qualität der Resultate.

Idealerweise besteht ein Scrum Team aus max. 10 Personen inkl. Scrum Master und Product Owner. Generell sollte das Team groß genug sein, um in einem Sprint für das Produkt einen Mehrwert schaffen zu können.

Andererseits sollte es nicht zu groß sein, um keine unnötige Komplexität in die Arbeitsabläufe zu bekommen.

4.2 Scrum Master

Der Scrum Master ist der Hüter des Prozesses, er fungiert als Schutzschild für die Developer und hilft sowohl dem Product Owner als auch der Organisation, Scrum erfolgreich anzuwenden.

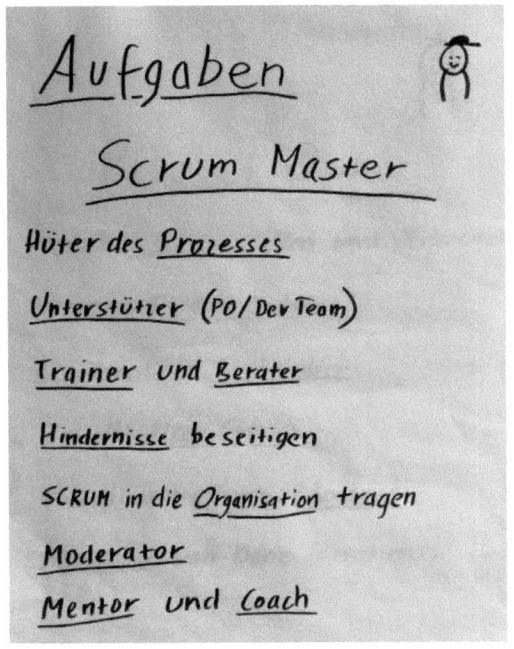

Der Scrum Master ist dabei das Bindeglied zwischen den Developern und dem Management.

Es ist die Aufgabe des Scrum Masters das Scrum Team zu begleiten und zu unterstützen, auf die Einhaltung der Regeln zu achten, Hindernisse aus dem Weg zu räumen.

Meetings zu moderieren und für Transparenz zu sorgen.

Ferner ist der Scrum Master dafür verantwortlich, Team-Mitglieder zu schulen, damit diese ihre Rollen optimal einnehmen können, den Scrum-Prozess zu optimieren und in der Organisation zu etablieren.

Eine (nicht vollständige) Auflistung der Verantwortlichkeiten des Scrum Masters sind:

- sorgt dafür, dass Scrum funktioniert

- setzt sich für die Organisationsentwicklung ein

- hilft bei der Organisation im Team

- führt eine kontinuierliche Prozess-Optimierung durch

- stimmt sich mit anderen Scrum Mastern ab

- sorgt für die Abstimmung mit anderen Teams

- pocht auf Regeln und Meetings

- unterstützt den Product Owner bei Bedarf

- moderiert Meetings

- Schutzschildfunktion (schützt das Team vor äußeren Störfaktoren)

- Bindeglied zum Product Owner

- das gute Herz des Teams

- fordert Dokumentation ein und erstellt ggf. Meeting Minutes

- beschafft Informationen/Räume/Material

- beseitigt Hindernisse (und deckt sie ggf. auf)

Eine wichtige Aufgabe ist das Beseitigen von Hindernissen. Das können banale Dinge wie ein defekter Monitor sein. Der Scrum Master nimmt sich diesem Problem an und organisiert einen Ersatzmonitor.

Er wird vermutlich den Einkauf kontaktieren oder ins Lager gehen. Vielleicht geht er auch direkt in den Meeting-Raum und „borgt" sich dort einen Monitor, damit sein Team-Mitglied weiterarbeiten kann. ;-)

Der Scrum Master beseitigt aber auch weniger banale Hindernisse.

So könnte das Team zum Beispiel durch den Product Owner behindert werden. Er drängt dabei vielleicht auf schnellere Ergebnisse, möchte mehrmals am Tag über den aktuellen Stand informiert werden und bringt Unruhe in den Tagesablauf.

Dann wird der Scrum Master vermutlich mit dem Product Owner zusammen eine Möglichkeit erarbeiten, wie die Developer einerseits ungestört ihre Arbeit verrichten können und andererseits der Product Owner vertrauen in die Arbeit des Teams und des Prozesses erhält.

Der Scrum Master ist in solchen Fällen vor allem Coach oder Berater, in dem er die Funktionsweise von Scrum erläutert und den Beteiligten hilft, ihre Rollen perfekt ausführen zu können.

Alle Hindernisse werden durch den Scrum Master in einem Impediment Backlog transparent gepflegt und festgehalten.

Der Scrum Master ist Coach, Berater, Trainer, Moderator, Change Manager, Mentor, Führungsperson, dienender Führer und Scrum-Experte.

Der Scrum Master dient dem Team und hat nur eine laterale Führungsposition. Er sollte nicht direkt Vorgesetzter des Teams sein.

Auch sollte er genügend Entscheidungsbefugnisse haben, um zum Beispiel Material zu bestellen, Meetingräume zu buchen oder (wenn es wirklich nicht mehr anders geht) Team-Mitglieder aus dem Team zu nehmen.

Der Scrum Master sollte nicht in die Rolle eines klassischen Projektleiters fallen. Die Aufgaben der Projektleitung werden oftmals durch den Product Owner, dem Scrum Master und den Developern übernommen.

Von den klassischen Aufgaben aus dem Projektmanagement übernimmt der Scrum Master lediglich die Prozess-Steuerung und -Optimierung und legt Wert auf die Qualität der Ergebnisse.

4.3 Product Owner

Die Product Owner definieren die Vision und tragen sie in das Unternehmen.

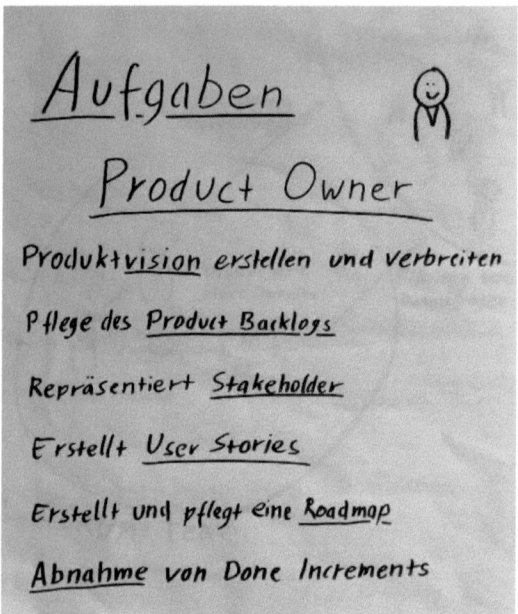

Zusätzlich ist er dafür zuständig, eine Roadmap aufzustellen und daraus Arbeitspakete für die Developer zu generieren. Das kann zum Beispiel in Form von User Stories sein.

Doch Scrum gibt nicht vor, wie die Product Backlog Items beschrieben werden sollen. Es existiert auch keine Pflicht, User Stories dafür einzusetzen. Wenngleich sich das als Best Practice in vielen Unternehmen etabliert hat.

Er hat direkten Kontakt mit den Kunden und erarbeitet, auch mit Unterstützung des Scrum Masters, ein Produkt-Backlog.

Aufgaben werden durch den Product Owner ausgearbeitet, Anforderungen formuliert und Abnahmekriterien aufgestellt. Ferner erfolgt durch den Product Owner eine Priorisierung der Aufgaben im Produkt-Backlog und die Abnahme der erledigten Aufgaben fällt in dessen Aufgabenbereich.

Eine ebenfalls nicht ganz vollständige Auflistung der Aufgaben des Product Owners beinhaltet:

- bereitstellen/vermitteln der Vision

- vorbereiten des Sprint-Inhaltes

- Priorisierung der Aufgaben

- erstellen einer Roadmap

- Pflege des Backlogs

- Verantwortlich für das Produkt

- Inhaltliche Verantwortung

- Beratung des Kunden

- Kundenkontakt

- Übersetzer (von den Anforderungen des Kunden in die Entwicklersprache)

- erstellt User Stories

- beschreibt Anforderungen

- hat Budget-Verantwortung

- führt die Abnahme durch

- holt Kundenfeedback ein

Der Product Owner nimmt eine wichtige Rolle in Scrum ein. Diese kann er nur ausfüllen, wenn er über die notwendigen Entscheidungsbefugnisse verfügt und für das Team greifbar ist.

Wenn ein Product Owner für mehrere Teams zuständig ist und vielleicht sogar an einem anderen Ort als das Team sitzt, wird das sehr schwierig. Die Vorbereitungen des Sprint Plannings, das Review-Meeting und die Spezifikation der User Stories werden darunter leiden.

5 Scrum Events

Die 5 Scrum Events Sprint, Sprint Planning, Daily Scrum, Sprint Review und Sprint Retrospective werden auf den nachfolgenden Seiten beschrieben.

In der Praxis hat sich eine Unterteilung des Sprint Plannings bewährt. Dabei führt das Team erst ein Sprint Planning 1 durch, um das WAS zu besprechen. Und anschließend wird das WIE im Sprint Planning 2 ermittelt.

Der Scrum-Prozess besteht aus einer Reihe von Meetings, die in ihrer Gesamtzahl zwar viel erscheinen, doch da sie zeitgebunden sind, einen klaren Inhalt haben und der Scrum Master auf die Einhaltung der Meeting-Regeln achtet, generieren sie schnelle Ergebnisse und sind sehr produktiv.

Die Tabelle links zeigt die üblichen Meetings und deren Dauer auf Basis eines 4-wöchigen Sprints.

Annahme: Sprint-Länge = 4 Wochen

Ereignis	Dauer	Teilnehmer
Sprint Planning I→WAS II→VIE	8 Stunden 4 Std. 4 Std.	Product Owner, Scrum M. Scrum Dev., Kunde Scrum Dev + Scrum Master
Daily Scrum	15 Min.	Scrum Developer
Sprint Review	4 Std.	PO, SM, Scrum Dev, Kunde, Anwender
Sprint Retro.	3 Std.	PO, SM + Scrum Dev.
Backlog Refinement, Backlog Grooming, Estimation Meeting	4-8 Std	PO, SM, Scrum Dev.
Scrum of Scrums	15 Min	1 Scrum Dev / Team

Die beiden letzten Zeilen sind optional anzusehen.

Die nachfolgenden Meetings werden in jedem Sprint durchlaufen. Den Anfang machen dabei Sprint Planning 1 und Sprint Planning 2, in denen der Inhalt des Sprints geplant werden.

Das Unterkapitel Sprint geht auf den Iterationszyklus ein und veranschaulicht die Reihenfolge der Sprint Ereignisse.

5.1 Sprint

In iterativen und inkrementellen Vorgehensmodellen werden Iterationen eingesetzt, um die Umsetzung der Aufgaben in Teilschritten zu planen. In Scrum werden diese Iterationen Sprints genannt.

Ein Sprint hat ein fixes Start- und ein fixes Enddatum. Die Länge der Sprints ist stets gleich.

Wie lange ein Sprint dauert, ist abhängig von der Team-Größe, der Komplexität der Aufgaben und der Firmenkultur. Häufig sind Sprints 2 bis 4 Wochen lang, bei kleineren Projekten ist eine Sprint-Dauer von 1 Woche üblich.

Ein Sprint beginnt mit einem Planungsmeeting, dem sog. **Sprint Planning**.

Dieses Meeting kann unterteilt werden in Sprint Planning 1 und Sprint Planning 2. Vor dem Sprint Planning 1 wählt der Product Owner aus dem Product Backlog Elemente zur Umsetzung aus, die in diesen Meetings besprochen werden.

Sie werden dem Scrum Team durch den Product Owner vorgestellt. Dieser beantwortet Fragen und nennt weitere Anforderungen, die zu erfüllen sind, damit ein Product Backlog Item abgenommen wird. Für den eigentlichen Inhalt eines Sprints ist das Team verantwortlich.

Das bedeutet, das Team akzeptiert so viele Product Backlog Items aus dem Product-Backlog, wie es sich sicher ist, dass diese auch bis zum Ende des Sprints abgeschlossen werden können.

Sie bedienen sich dabei der vom Product Owner vorgegebenen Reihenfolge / Priorität. Dies wird als Sprint-Commitment bezeichnet.

Während des Sprints findet ein tägliches Meeting statt (das sog. **Daily Scrum**), in dem die aktuellen Fortschritte, aufgetretene Probleme und die Pläne des aktuellen Tages besprochen werden.

Ein- bis zweimal im Sprint können Estimation Meetings oder Backlog Refinements durchgeführt werden. Im Rahmen dieser Meetings stellt der Product Owner neue Product Backlog Items vor. Diese werden irgendwann in der Zukunft in einem Sprint Planning eingekippt.

Durch das Team findet ein Refinement der Product Backlog Items statt; d.h. das Team stellt Rückfragen zu den Items und hilft dem Product Owner so zu guten Anforderungen zu gelangen.

Wie zuvor bereits erwähnt, werden sehr häufig User Stories als Product Backlog Items verwendet. Im Rahmen der hier beschriebenen Meetings können auch weitere User Stories durch das Team erstellt werden. Zusätzlich findet eine Schätzung der User Stories statt.

Hierfür setzen viele Teams Story Points als Schätzeinheit für die Komplexität ein.

Am Ende eines Sprints erfolgt eine Präsentation des Erreichten (**Sprint Review**) und eine Retrospektive (**Sprint Retrospective**) wird durchgeführt.

Das Ziel eines jeden Sprints ist es, einen Teil des Gesamtprojektes ausliefern zu können, um möglichst frühzeitig

Feedback einholen zu können und die zu entwickelnde Software (bzw. das Produkt) stückweise zu produzieren.

In den nachfolgenden Kapiteln werden die Meetings näher betrachtet und die unterschiedlichen Backlogs erklärt.

5.2 Sprint Planning 1 – was soll umgesetzt werden?

Im Kern beantwortet dieses Meeting die Frage: was soll umgesetzt werden?

Dabei formuliert der Product Owner (auch mit Hilfe des Teams) ein Sprint Goal für den kommenden Sprint.

Auf Basis des Sprint Goals werden in diesem Meeting User Stories aus dem Produkt-Backlog vorgestellt, die der Product Owner im nächsten Sprint umgesetzt haben möchte.

Im Dialog mit den Developern werden die Möglichkeiten zur Umsetzung der User Stories erörtert, fehlende Angaben ergänzt und das Team übernimmt User Stories in das Sprint-Commitment.

Wenn möglich, werden auch Fachexperten an dem Meeting teilnehmen, um bei Rückfragen zu User Stories direkt weiteren Input liefern zu können.

Der Scrum Master moderiert das Meeting und hilft somit dem Product Owner, dessen User Stories zu präsentieren und dem Team, den Inhalt des nächsten Sprints zu definieren.

Das Sprint Planning 1 stellt die Weichen für das Sprint-Commitment, also der Verpflichtung von Product Owner und Developern, das gemeinsame Ziel des nächsten Sprints zu erreichen.

Die Dauer dieses Meetings kann bis zu einem halben Tag dauern.

5.3 Sprint Planning 2 – wie wird es umgesetzt?

Die im Sprint Planning 1 durch das Team aufgenommenen User Stories werden im Sprint Planning 2 im Detail besprochen und Teil-Aufgaben (Tasks) daraus abgeleitet. In diesem Meeting, in dem auch nur das Team und der Scrum Master teilnehmen können, wird das endgültige Commitment - also die Auswahl an

User Stories, die das Team im nächsten Sprint umsetzen möchte - aufgestellt.

Sowohl das Sprint Planning 1, als auch das Sprint Planning 2 finden am ersten Tag eines neuen Sprints statt.

Am Ende des Meetings erstellt das Team zusammen mit dem Scrum Master eine Liste aller Sprint-Aufgaben und überreicht sie dem Product Owner.

Diese Aufgaben stehen für das Sprint-Backlog und werden die Aufgabengrundlage der Developer für die gerade angelaufene Iteration sein.

Das Sprint Planning 2 kann ebenfalls bis zu einem halben Tag andauern.

5.4   Sprint Review

Im Sprint Review stellt das Team die Ergebnisse des Sprints den Kunden bzw.. Stakeholdern vor.

Der Product Owner hat die umgesetzten User Stories zu diesem Zeitpunkt bereits abgenommen!

Der aktuelle Stand der Entwicklung wird besprochen und die nächsten Themen priorisiert.

Dabei erfolgt keine schlichte PowerPoint-Präsentation des aktuellen Standes, sondern die umgesetzte Funktionalität wird in der Software vorgeführt (sofern möglich).

Das Ergebnis des Meetings ist ein überprüftes Product Backlog und eine Vorbereitung für das Sprint Planning im darauffolgenden Sprint.

5.5 Sprint Retrospective

Dieses Meeting dient dem Scrum Team, den Verlauf des letzten Sprints zu reflektieren und sowohl positive als auch negative Ereignisse anzusprechen.

Ziel ist eine kontinuierliche Verbesserung und Optimierung der Prozesse und Arbeitsabläufe.

Die im Sprint erzielten Ergebnisse werden besprochen, es erfolgt eine Evaluierung von Vorkommnissen oder Arbeitsschritten, die es in Zukunft zu verbessern gilt und ein Aktionsplan zur Umsetzung von Verbesserungspotential wird entworfen.

Den dabei resultierenden Aufgaben werden Verantwortlichen zur Umsetzung zugewiesen und Zeitziele werden definiert.

Oftmals ist es der Scrum Master, der mit neuen umzusetzenden Aufgaben aus diesem Meeting herausgeht. Aber auch das Team generiert für sich im Rahmen dieses Meetings Aufgaben, die zumeist parallel zum Tagesgeschäft umgesetzt werden.

Hierbei generiert das Team insbesondere Aufgaben die Verbesserungen in den Team-internen Arbeitsabläufen zum Ziel haben, die Kommunikation mit dem Product Owner verbessern sollen, dem Einhalten der Team-Regeln dienen usw.

Es zahlt sich aus, die Agenda der Retrospektive agil zu halten und öfters für Abwechslung zu sorgen. Das ist Aufgabe des Scrum Master, genauso wie die Moderation während des Meetings.

Generell besteht die Retrospektive aus drei Teilen:

1. Welche Aktionen konnten seit der letzten Retrospektive umgesetzt werden?

2. Was ist im aktuellen Sprint gut gelaufen und sollte beibehalten werden / was ist nicht gut gelaufen und bedarf einer Optimierung?

3. Aktualisierung des Aktionsplans und Erhebung neuer Aktionen.

Im Nachfolgenden wird ein Vorschlag zum Abhalten einer Retrospektive in 5 Blöcken skizziert.

5.5.1 Teil 1 – Team-Metriken

- Aktuelle Team-Metriken

- Ereignisse im Unternehmen

- Aktionen aus letzter Retrospektive

Im ersten Teil kann der Scrum Master die aktuellen Team-Metriken aufzeigen und somit an Zahlen präsentieren, dass die Maßnahmen aus vorherigen Retrospektiven zu Verbesserungen (oder Verschlechterungen) geführt haben. Auch kann bei einem

Negativtrend die Aufmerksamkeit des Teams darauf gelegt werden, so dass das Team gemeinsam an einer Lösung arbeitet.

Beim Diskutieren von Unternehmensereignissen können sowohl negative Ereignisse als auch positive Ereignisse angesprochen werden. Es ist wichtig, dass der Scrum Master hier genau auf das Team hört und auch die nicht ausgesprochenen Aussagen aufnimmt.

Beim Besprechen des Aktionsplans der letzten Retrospektive wird das Team prüfen, in wie weit zuvor identifizierte Aktionen weiterverfolgt und ggf. erledigt worden sind. Die Aktionen aus den letzten Retrospektiven werden einzeln durch das Team kontrolliert und entweder geschlossen oder mit einem neuen Datum versehen.

5.5.2 Teil 2 – was lief gut?

- Was lief gut im aktuell beendeten Sprint?

In diesem Teil konzentriert sich das Team darauf, die positiven Geschehnisse herauszustellen und damit gute Praktiken und

Vorgehensweisen zu festigen und zu etablieren. Das hier Ermittelte kann in einem Starfish aufgenommen werden.

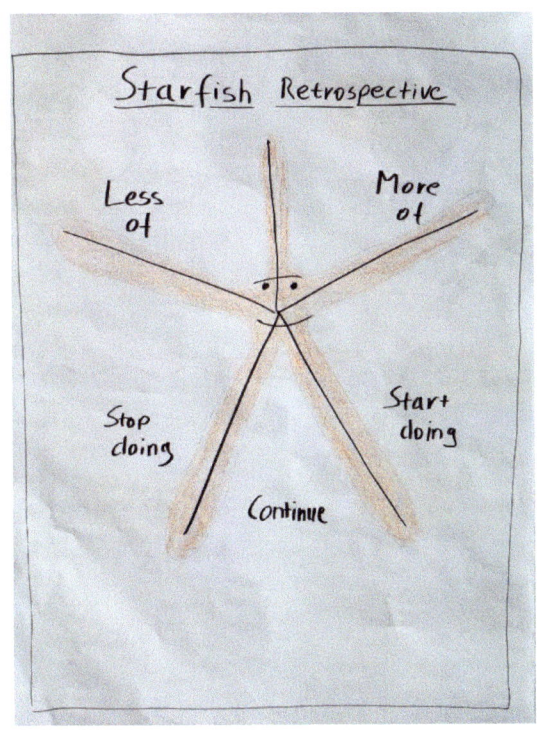

Der Starfish beinhaltet die 5 Kategorien:

More of, Less of, Keep doing, Start doing und Stop doing.

Die Teammitglieder werden aufgefordert, sich zu den einzelnen Kategorien Gedanken zu machen und Ihre Vorschläge und Wünsche auf Post-Its zu notieren.

Anschließend werden die Post-Its auf dem Starfish (der dafür auf einem Whiteboard oder einem Flipchart aufgezeichnet worden ist) gesammelt.

More of: hierunter fallen alle Maßnahmen, die verstärkt werden sollen. Zum Beispiel noch mehr Code Reviews durchzuführen.

Less of: Aufzählung der Dinge, die reduziert werden sollen.

Start doing: neue Maßnahmen, die das Team ausprobieren möchte.

Stop doing: Maßnahmen, die sich nicht als Weiterführend erwiesen haben und daher eingestellt werden sollen.

Keep doing: Fortführung einer Maßnahme aus einer vorangegangenen Retrospektive, die sich positiv auswirkt.

5.5.3 Teil 3 – Gedanken-Reset

- Durchatmen und sammeln

Im dritten Teil wird eine kurze Pause eingeführt, damit sich das Team für den anstrengenden 4. Teil der Retrospektive sammeln kann.

Die Pause kann in Form eines kleinen Spiels stattfinden. Oder das Team geht gemeinsam in die Küche einen Kaffee trinken.

5.5.4 Teil 4 – was lief noch nicht optimal?

- Was lief im aktuellen Sprint nicht gut?

- Was sollte optimiert werden, damit wir bessere Leistungen erzielen können?

In diesem Teil geht es primär um den gerade beendeten Sprint und Situationen, die für das Team nicht optimal waren. Die hier aufgeführten Punkte werden ebenfalls in einem Starfish aufgenommen. Darüber hinaus werden Verbesserungspotentiale ermittelt, die das Arbeiten des Teams betreffen.

Das kann ein konkretes TODO für das Team sein (z.B. „wir müssen unbedingt zwingend einen Entwicklertest machen, bevor der Tester mit seiner Arbeit beginnt"), oder aber auch organisatorische Hindernisse, die das Team an den Scrum Master (z.B. „wir müssen bei Team X ständig aushelfen") oder den Product Owner weiterträgt (z.B. „der PO kommt nicht vorbereitet in das Sprint Planning").

5.5.5 Teil 5 – Aktionsplan aktualisieren

- Aktionsplan aufstellen / aktualisieren

Aus den Punkten des vierten Teils werden konkrete Aktionen zur Minimierung oder gar Beseitigung des Hindernisses ermittelt.

Wichtig ist hierbei, dass diese Aktionen weiterverfolgt (dies geschieht spätestens in der nächsten Retrospektive) und mit einem Verantwortlichen versehen werden. Auch sollte ein Datum gesetzt werden, bis wann das Team mit einer Lösung rechnet.

Aus Aktionen können auch User Stories entstehen, die in das Product Backlog (nach Absprache mit dem Product Owner) aufgenommen werden.

Weitere Ideen zum Aufbau von Retrospektiven bietet der Retromat: https://retromat.org/de (besucht am 18.07.2019)

Die Retrospektive ist ein mächtiges Werkzeug zur kontinuierlichen Verbesserung und Optimierung der Team-Zusammenarbeit und dem Liefern von wertvollen Ergebnissen.

Wenn die Retrospektive nur sporadisch oder „bei Bedarf" durchgeführt wird, kann sie ihre Stärke nicht entfalten. Oftmals wird die Retrospektive auch zusammen mit dem Review oder dem Planning „abgefrühstückt".

Das dient dann mehr als Albi-Treffen, damit das Meeting durchgeführt worden ist. Wirkliche Verbesserungen entstehen dabei nur selten.

Eine weitere Herausforderung ist das Angehen von Verbesserungsmöglichkeiten. Wurde die Retrospektive durchgeführt und Punkte zur Optimierung wurden herausgearbeitet, sollten sie auch umgesetzt werden. Dazu wird am Anfang der Folge-Retrospektive der aktuelle Umsetzungsstatus besprochen.

In einer Retrospektive kommen auch Punkte auf, die ein Team nicht von sich aus umsetzen / optimieren kann. Zuweilen ist externe Unterstützung notwendig. Zum Beispiel muss Budget dafür zur Verfügung gestellt werden, oder es sind Optimierungspunkte, die das höhere Management betreffen usw.

Wenn solche Punkte in einer Retrospektive aufgekommen sind, dann ist es die Aufgabe des Teams, der Treiber der Maßnahmen zu sein. Ein „daran können wir eh nichts ändern" oder „nicht meine Abteilung" gilt nicht!

5.6 Daily Scrum

Dieses Meeting findet täglich außer am ersten Tag des Sprints statt.

Das Meeting ist *von* den Developern und *für* die Developer. Die Developer berichten sich selbst gegenüber dabei abwechselnd in wenigen Sätzen vom bisherigen Fortschritt, was als nächstes gemacht wird und über etwaige Hindernisse.

Das Meeting besteht aus drei Grundfragen:

- Was habe ich gestern gemacht?

- Was mache ich heute?

- Was hindert mich daran, die gesteckten Ziele zu erreichen?

Aufkommende Hindernisse werden vom Scrum Master aufgenommen und in das Impediment Backlog eingetragen.

Im Daily Scrum kann der Fokus auch noch mehr auf das Erreichen des Sprint Goals gelegt werden. Die drei Fragen lauten dann:

- Was habe ich gestern getan, um dem Erreichen des Sprint Goals einen Schritt näher zu kommen?

- Wie trage ich heute dazu bei, dass wir das Sprint Goal erreichen werden?

- Was hindert mich daran, am Ende des Sprints das Sprint Goal zu erreichen?

Bei den meisten Scrum Teams findet dieses tägliche Meeting früh morgens und in der Nähe der Aufgabentafel (auch Taskboard genannt) statt. Es handelt sich wie bei allen der bisher vorgestellten Meetings um ein time-boxed Meeting, das maximal 15 Minuten dauern sollte.

Dabei bekommt jedes Team-Mitglied max. drei Minuten Zeit, die drei Fragen zu beantworten. Das Meeting soll den Developern dabei helfen, die Arbeit zu planen und sich selbst zu organisieren.

Es ist darauf zu achten, dass es in diesem Meeting nicht zu langen Diskussionen kommt, sondern primär auf eine schnelle Synchronisation der Team-Mitglieder.

Diskussionen sollten erst nach dem Meeting stattfinden und dann auch nur durch die Team-Mitglieder, die für die Diskussion benötigt werden.

Es ist Aufgabe des Scrum Masters, mit dem Team zusammen Meeting-Regeln zu erarbeiten. Diese gelten für alle Meetings im Scrum-Kontext, aber insbesondere für das Daily Scrum.

Die Meeting-Regeln könnten dabei bestehen aus:

- ✓ Das Meeting wird vom gesamten Team durchgeführt

- ✓ Die Dauer beträgt maximal 15 Minuten

- ✓ Es findet jeden Tag zur gleichen Zeit und am gleichen Ort statt

- ✓ Zuschauer sind erlaubt, dürfen sich aber nicht aktiv am Meeting beteiligen

- ✓ Das Meeting dient zum Aufdecken von Problemen, aber nicht zur Lösungsfindung; Diskussionen sollen nicht während des Meetings durchgeführt werden

- ✓ Ein Team-Mitglied oder der Scrum Master moderieren das Meeting

Das Meeting muss täglich stattfinden und es tauschen sich nur die Developer untereinander aus. Es ist nicht dazu gedacht, dass der Manager ein tägliches Status-Reporting erhält.

Die Planung der weiteren Schritte des Teams und die Teamabsprachen stehen im Fokus.

Das Meeting geht maximal 15 Minuten. Wenn das Team sich schnell gegenseitig abgestimmt hat, darf das Meeting selbstverständlich auch vor Ablauf der 15 Minuten beendet werden.

Als Analogie zum Rugby oder Football: das Team stellt sich im Kreis auf, steckt die Köpfe zusammen, bespricht den nächsten Spielzug und feuert sich gegenseitig an. Und auf geht's, um die nächsten Story Points einzufahren!

6 Artefakte

In diesem Abschnitt werden die 3 Scrum Artefakte **Product Backlog, Sprint Backlog** und **Increment** beschrieben. Sie werden durch weitere Backlogs ergänzt, die die Abarbeitung von Impediments und die Release-Planung erleichtern sollen.

User Stories werden in den Backlogs Sprint-Backlog, Produkt-Backlog und Release-Backlog unterteilt. Im Nachfolgenden werden die einzelnen Backlogs beschrieben.

6.1   Product Backlog

Das *Product Backlog* (kurz: Backlog) ist eine Ansammlung von Product Backlog Items (z.B. User Stories), die für das Team bereitstehen (also bereits durch den Product Owner erstellt wurden) und durch das Team umgesetzt werden sollen.

Diese Product Backlog Items beschreiben die Anforderungen an das Produkt. Der Product Owner pflegt das Backlog, erstellt neue

Stories, priorisiert sie und schreibt Anforderungen von Stories aus.

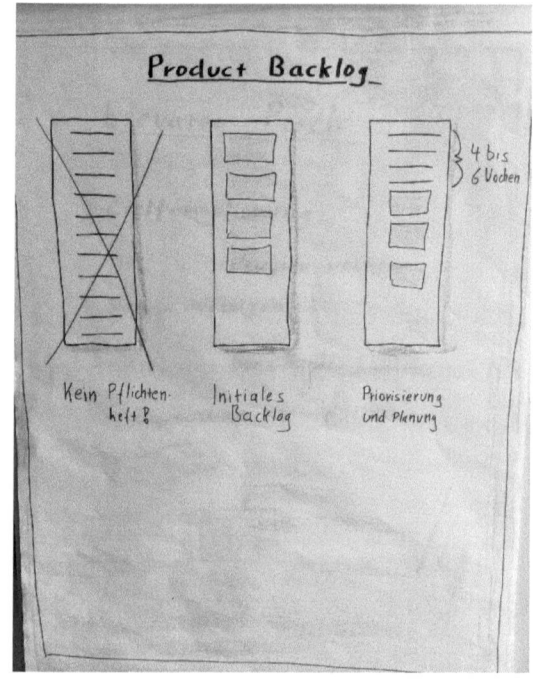

Achtung: das Product Backlog ist kein Pflichtenheft!

Die Product Backlog Items sollen nicht zu kleinteilig darin beschrieben werden.

Und: weniger ist manchmal mehr.

Für Aufgaben, die weiter in der Zukunft liegen, genügt auch eine grobe Beschreibung.

Erst wenn die Umsetzung näher rückt, sollten Product Backlog Items detaillierter beschrieben werden. Dabei kann mit einem Zeithorizont von 2 bis 3 Sprints in die Zukunft gearbeitet werden.

Die Qualität des Backlogs ist ausschlaggebend für die erfolgreiche Umsetzung der User Stories. Das komplette Scrum Team kommt in Backlog Refinements zusammen, um Stories aus dem Produkt-Backlog zu schätzen und die Story-Qualität zu erhöhen.

Als Schätzeinheit wird oftmals auf Story Points zurückgegriffen, welche nicht den Aufwand, sondern die Komplexität einer Story darstellen.

Innerhalb des Backlogs priorisiert der Product Owner die User Stories. Er nimmt dabei auch Bezug auf das Business Value der Stories, aber berücksichtigt ebenfalls Abhängigkeiten zu anderen Stories und die Aufwandsschätzung des Teams.

Das nachfolgende Beispiel soll ein Product Backlog demonstrieren.

Rang	Titel	Story Points	Business Value
1	User Story 3	3	70
2	User Story 1	5	60
3	User Story 2	3	55

4	User Story 4	8	50
5	User Story 5	3	50

Tabelle 1: Beispiel eines Product Backlogs

In diesem Beispiel ist die „User Story 3" die wertvollste Story für das Produkt und steht daher an erster Stelle. Der Product Owner hat bei der Story einen Business Value von 70 hinterlegt und das Team schätze den Aufwand (bzw. Komplexität, doch dazu später mehr) mit 3 Story Points.

Folglich würde der Product Owner „User Story 3" zuerst im Produkt umgesetzt haben wollen und würde diese Story beim nächsten Sprint Planning 1 als erste Story präsentieren. Er geht hier nach der Devise vor: die Story mit dem größten Nutzen zuerst.

Das Product Backlog ist nicht mit einem klassischen Lastenheft zu verwechseln. Es beinhaltet zwar genauso die Anforderungen und Beschreibungen, allerdings entsteht auch das Product Backlog ebenso wie das Produkt inkrementell und wird kontinuierlich gepflegt.

6.1.1.I Vereinfachte Berechnung der Priorität

Im zuvor gezeigten Product Backlog waren die Product Backlog Items nur anhand des Business Values priorisiert. Mit Hilfe der vereinfachten Berechnung der Priorität werden jetzt auch die Schätzungen berücksichtigt.

Für die Berechnung der Priorität kann folgende einfache Formel verwendet werden:

Priorität = Business Value / Story Points

Auf zuvor gezeigtem Beispiel übertragen:

Rang (vorher)	Titel	Story Points	Business Value	Priorität
1 (1)	User Story 3	3	70	23
2 (3)	User Story 2	3	55	18
3 (5)	User Story 5	3	50	17
4 (2)	User Story 1	5	60	12
5 (4)	User Story 4	8	50	6

Tabelle 2: Berechnete Priorität

Werden Business Value und Priorität in ein Verhältnis gebracht, so ergibt sich in dem Beispiel eine neue Reihenfolge. Da der

69

Business Value bei den Stories jeweils relativ gleich ist, rücken die Stories mit niedriger Komplexität nach oben im Product Backlog und die komplexen Stories an das Ende.

Wäre die „User Story 4" mit der höchsten Story Points-Zahl wichtiger, müsste demnach der Business Value angepasst werden, damit sie auch im Product Backlog weiter oben einsortiert wird.

Ein Business Value von 100 würde sie an Stelle 4 rücken lassen.

Diese vereinfachte Berechnung der Priorität deckt schnell zwei Schwierigkeiten damit auf:

Sie berücksichtigt keine Abhängigkeiten und wertvolle User Stories mit hoher Komplexität haben es schwer, in der Liste nach oben zu kommen.

Beides muss der Product Owner zusätzlich berücksichtigen und darf sich nicht alleine auf die berechnete Priorität verlassen, um sein Product Backlog zu priorisieren.

In einer komplexeren Prioritätsberechnung werden weitere Faktoren mit einkalkuliert, die eine bessere Bestimmung der Priorität ermöglichen soll. Dies wird im nachfolgenden Kapitel dargestellt.

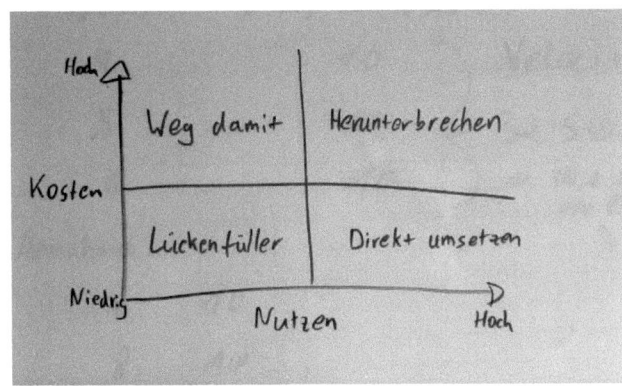

Das kann man auch ganz schön grafisch darstellen. Die Aufgaben mit einem niedrigen Aufwand / niedrige Kosten und hohem Nutzen, sollten direkt umgesetzt werden (unten rechts).

Ist im Sprint noch Luft für etwas kleineres, dann kann es aufgefüllt werden aus unten links.

Themen, die von den Kosten oder vom Aufwand her sehr umfangreich sind, allerdings einen hohen Nutzen bringen (oben rechts), müssen heruntergebrochen werden. Die Product Backlog Items können dann zum Beispiel aufgeteilt werden.

71

Und ermittelt der Product Owner Product Backlog Items, die sehr hohe Kosten verursachen aber keinen Nutzen generieren, dann sollten diese Items wieder aus dem Product Backlog entfernt werden.

6.1.1.II Komplexe Prioritätsberechnung

Für eine bessere Berechnung der Priorität wird zunächst die Schätzung des Business Values angepasst.

Der Business Value steht symbolisch für den Wert einer User Story für das Produkt. Er sollte zusammen mit dem Team und den Stakeholdern ermittelt werden.

In der nachfolgenden Herangehensweise wird der Business Value basierend auf 5 Kern-Kriterien berechnet. Jede dieser Kern-Kriterien wird idealerweise zusammen mit Stakeholdern und Team geschätzt. Anschließend erfolgt eine Berechnung des Business Values auf Basis der geschätzten Einzelwerte.

Der Business Value setzt sich zusammen aus:

I.   Geldwert / erwarteter Umsatz

II. Investition in Partnerschaft / Infrastruktur / Organisation

III. Risiko es nicht umzusetzen

IV. Wettbewerbsvorteil

V. MoSCoW-Einteilung (Must, Should, Could, Won't)

Für Investition, Risiko und Wettbewerbsvorteil wird eine Skala von 0 bis 5 verwendet. Der Geldwert wird in Prozent abhängig vom Gesamtbudget angegeben (1 bis 100).

Für die MoSCoW-Einteilung wird folgende Gewichtung verwendet:

➢ MUST_1 (9), MUST_2 (8), MUST_3 (7)

➢ SHOULD_1 (5), SHOULD_2 (4)

➢ COULD_1 (3), COULD_2 (2)

➢ WONT (1)

Formel zur Berechnung des Business Values:

*Business Value = (Umsatz*2 + Investition + Risiko + Wettbewerb) * MoSCoW*

Beispiel:

Das Projekt hat ein Projekt-Budget von 10.000 Euro. User Story 1 wird einen Mehrwert von 100 Euro bezogen auf das Budget erzielen und User Story 2 von 200 Euro.

Kriterium	User Story 1	User Story 2
Umsatz in %	1	2
Investition	0	0
Risiko	4	1
Wettbewerb	2	2
MoSCoW	MUST_1	SHOULD_1

Tabelle 3: Erweitertes Prioritätsbeispiel

Daraus ergeben sich die nachfolgenden Berechnungen des Business Values:

User Story 1: (1*2 + 0 + 4 + 2) * 9 = **72**

User Story 2: (2*2 + 0 + 1+ 2) * 5 = **35**

User Story 2 liefert zwar einen deutlich höheren Mehrwert (200 Euro im Vergleich zu 100 Euro), allerdings ist sowohl das Risiko für das Produkt deutlich geringer und es wurde nicht als ein Must-Feature eingestuft.

In der Gesamtheit aller Kriterien ist daher User Story 1 wichtiger zu bewerten als User Story 2.

Die komplex berechneten Business Value-Schätzungen können nun für die Berechnung der Priorität verwendet werden.

Story	Story Points	Business Value	Priorität
User Story 1	5	72	14
User Story 2	3	35	12

Tabelle 4: Berechnung der Priorität mit komplexem Business Value

Unter Berücksichtigung der zuvor vergebenen Story Points ergibt sich die Priorität 14 bei User Story 1 und 12 bei User Story 2.

Die hier vorgestellten Berechnungen zeigen Möglichkeiten zur Ermittlung der Priorität auf. Es gibt noch zahlreiche weitere Methoden, auf die hier kein weiterer Bezug genommen wird. In jedem Projekt oder jedem Unternehmen muss für die jeweilige Situation individuell entschieden werden, wie mit der Priorisierung der Product Backlog Items umgegangen wird.

6.1.1.III Was ist der Business Value?

Der Geschäftswert einer User Story wird Business Value genannt und bildet den Wert einer User Story für das Produkt.

Das Ziel des Product Owners ist möglichst viel Mehrwert für ein Produkt zu erzielen, was durch den Business Value ausgedrückt wird.

6.2   Sprint Backlog

Das *Sprint-Backlog* besteht aus den Aufgaben (im weiteren Verlauf Stories oder User Stories genannt), die das Team für eine Iteration (Sprint) angenommen hat.

Das Ziel eines jeden Sprints ist es, dass alle angenommenen Stories (=committet) bis zum Ende des Sprints erledigt (=done) werden.

Ist dies nicht der Fall, wandern nicht erledigte Stories entweder zurück ins Produkt-Backlog oder sind für den nächsten Sprint gesetzt.

Das Sprint Backlog stellt somit eine Teilmenge des Product Backlogs dar: und zwar genau der Teil, der im aktuellen Sprint durch das Team bearbeitet wird. Änderungen am Sprint Backlog sind nur durch das Team (in Abstimmung mit dem Product Owner) möglich.

Manche Teams arbeiten mit einer sogenannten Definition of Ready, um den Reifegrad einer User Story zu beschreiben. In dem

Fall können nur User Stories für das Sprint Planning berücksichtigt werden, die die DoR erfüllen.

6.2.1 Definition of Ready

Das Scrum Team sollte die DoR nicht als Ersatz für Kommunikation ansehen.

Trotz ausgefeilter DoR steht die Kommunikation zwischen dem Product Owner und den Developern weiterhin im Fokus. Die Definition of Ready ist lediglich eine (knappe) Checkliste, sie sowohl Product Owner als auch Developer bei der Formulierung von User Stories unterstützt.

Gerne werden die INVEST-Kriterien ([INVEST] & [WIINV19]) für das Aufstellen der DoR verwendet.

Das Scrum Team sollte die DoR nicht als Ersatz für Kommunikation ansehen. Trotz ausgefeilter DoR steht die

Kommunikation zwischen dem Product Owner und den Developern weiterhin im Fokus. Die Definition of Ready ist lediglich eine (knappe) Checkliste, sie sowohl Product Owner als auch Developer bei der Formulierung von User Stories unterstützt.

Independent

Der Vorteil unabhängiger User Stories ist, dass User Stories frei priorisiert und im Zweifel sogar aus dem Product Backlog heraus genommen werden können, ohne das übrige Product Backlog groß zu beeinflussen.

Negotiable

User Stories sollten aussagekräftig mit den notwendigen Details beschrieben werden. Allerdings sollten User Stories keine

Lösungen vorgeben und noch Raum für Diskussionen zwischen Developer und Kunde lassen.

Valuable

Eine User User stellt für sich einen Wert dar. Wird die User User Story umgesetzt, so wird eine Wertsteigerung im zu entwickelnden Produkt erzielt.

Estimatable

Nur wenn eine User Story durch das Developer Team geschätzt worden ist, kann es in das Spirnt Backlog aufgenommen werden.

Sized appropiately

Eine User Story sollte genau so groß sein, dass sie im Rahmen eines Sprints umgesetzt werden kann.

Testable

Jede User User Story sollte für sich testbar sein. Dazu werden Acceptence Criteria / Akzeptanzkriterien definiert, die durch die

Developer und dem Product Owner auf ihre Einhaltung hin überprüft werden.

Das INVEST-Akronym zur Beschreibung der DoR zur Rate zu ziehen, ist eine Möglichkeit.

Ein jedes Scrum Team muss für sich selbst eine passende DoR entwickeln und diese kontinuierlich überprüfen.

Die DoR sollte schlank gehalten werden und nicht in einen langen Prozess oder Worklfow münden.

Beispiel einer DoR:

- Die User Story ist formal beschrieben

- Acceptance Criteria wurden definiert

- Der Umfang der User Story ist klein genug, so dass sie in einem Sprint umgesetzt werden kann

- **Die User Story wurde geschätzt**

6.3 Increment

Das Increment ist die Summe aller Product Backlog Items die im aktuellen Sprint umgesetzt worden sind und der Wert aller Increments aus den voran gegangenen Sprints (siehe dazu auch [SCRUM19]).

Nur Stories, die auf „done" sind (siehe dazu auch Defintion of Done), können in ein Increment einfließen.

Das Ergebnis am Ende des Sprints wird **Done Increment** bezeichnet. Folglich stellen alle Done Increments aus den vorherigen Sprints das Increment dar.

7 Literaturverzeichnis

Die nachfolgende Auflistung an Literatur greift viele der hier beschriebenen Themen auf und vertieft sie.

Die Auflistung ist alphabetisch nach Nachnamen des zuerst genannten Autors sortiert und stellt keine vollständige Liste von guter Literatur dar.

Sie umfasst Bücher zu den Themen Scrum, Projektmanagement, Mitarbeiterführung und Gesprächstechniken.

- ✓ [AGILE01], Das Agile Manifest (http://agilemanifesto.org/); zuletzt besucht 08.06.2022

- ✓ [DEMSP01]: Tom DeMarco, Spielräume – Projektmanagement jenseits von Burn-out, Stress und Effizienzwahn; Carl Hanser Verlag; 2001

- ✓ [DEMWI99]: Tom DeMarco, Timothy Lister, Wien wartet auf Dich! – Der Faktor Mensch im DV-Management; Carl Hanser Verlag; 2. Ausgabe; 1999

✓ [CODGS05]: Carsten Dogs, Timo Klimmer, Agile Software-Entwicklung kompakt; mitp-Verlag; 2005

✓ [BGLOG09]: Boris Gloger, Scrum – Produkte zuverlässig und schnell entwickeln; Carl Hanser Verlag; 2009

✓ [INVEST]: https://advitago.academy/invest-scrum/, zuletzt besucht 08.06.2022

✓ [JANDR18]: Judith Andresen, Agiles Coaching; Hanser Verlag; 2018

✓ [JIHIG10]: Jim Highsmith, Agile Project Management – Creating innovative products; Addison-Wesley; 2. Ausgabe; 2010

✓ [RPILC09]: Roman Pichler, Scrum – Agiles Projektmanagement erfolgreich einsetzen; dpunkt.verlag; korrigierte 1. Ausgabe 2009

✓ [SCRUM19]: The Scrum Guide (https://www.scrumguides.org/scrum-guide.html), zuletzt besucht 08.06.2022

✓ [WEISB08]: Christian-Rainer Weisbach, Petra Sonne-Neubacher, Professionelle Gesprächsführung – ein praxisnahes Lese- und Übungsbuch; Deutscher Taschenbuch Verlag; 7 Ausgabe; 2008

✓ [WIINV19]: INVEST (https://en.wikipedia.org/wiki/INVEST_(mnemonic)); zuletzt besucht 16.07.2019

✓ [WISCR19]: Scrum (https://de.wikipedia.org/wiki/Scrum); zuletzt besucht 27.06.2019

✓ [WISEL19]: Servant Leadership (https://de.wikipedia.org/wiki/Servant_Leadership); zuletzt besucht 17.07.2019

8 Zum Autor

Bereits seit 2013 arbeite ich als selbstständiger Berater und Trainer mit Spezialisierung auf Projektmanagement. Als Diplom-Informatiker (FH) liegt mein Background in der IT. Doch mittlerweile bin ich auch viel außerhalb der IT unterwegs.

Nach meinem Studium habe ich 6 Jahre als Software-Entwickler, Scrum Master und letztlich als Projektleiter gearbeitet, bevor ich den Weg in die Selbstständigkeit gewagt habe.

Zertifikate & Ausbildung:

- Diplom-Informatiker (FH) Hochschule Rhein-Main

- Professional Scrum Product Owner™ I (PSPO I), Professional Scrum Master™ I (PSM I) und Certified Scrum Change Manager

- Personal- und Business Coach (DFC) APOLLON Hochschule der Gesundheitswirtschaft GmbH

Im Coaching habe ich mich auf die Zusammenarbeit mit Personen spezialisiert, die neu in ihrer Rolle als Führungskraft, Product Owner oder Projektleiter:in sind.

Neben 1:1 Coachings, biete ich individuelle Workshops für das gesamte Team und Beratung der Projektorganisation an.

Zudem habe ich die Agile Product Owner Practitioner Ausbildung entwickelt. Darin lernst Du, wie Du neue Tools einführst, Dich an neue Strukturen anpasst und agiles Projektmanagement erfolgreich umsetzt.

Diese Fragen darf ich häufig zu meiner IT Product Owner Ausbildung beantworten:

🫣 Ist das nur für Product Owner relevant?

Nein. Das Programm ist konzipiert für alle Führungskräfte, die sich in einem agilen Projekt wiederfinden.

😵 Aber in agilen Projekten wird doch nicht mehr geplant?

Agil != Planlos. Denn es ist so... ohne einen Plan ist ein Ziel nur ein Wunsch. Auch in agilen Projekten wird geplant, nur eben anders. Lasse Deine Businesswünsche zu Ziele werden.

😵 Wie geht das besser?

Genau dabei helfe ich Dir. Durch individuelles Coaching, passgenaue Workshops und Praxisbegleitung.

Damit Du Deine Projekte erfolgreich führen kannst.

Erfolgreiche Projektführung bedeutet für mich:

Ohne Stress und Überstunden zusammen mit dem Team ein großartiges Produkt entwickeln. Dabei sowohl die Stakeholder-Bedürfnisse berücksichtigen, als auch in Time & Budget bleiben.

Mehr zu meinem Ausbildungsprogramm auf:

https://advitago.academy/product-owner-ausbildung/

Oder höre gerne in meinen Podcast Zipresso rein, um dir ein Bild von mir zu machen. Suche in deiner Lieblingsapp einfach nach **Zipresso**.

Kontakt:

https://advitago.com

p.eid@advitago.com

Lass uns Dein Projekt gemeinsam zum Erfolg führen.

Patric Eid

Kontakt

https://linkedin.com/in/patric-eid/

https://advitago.com